# HISTÓRIAS CHINESAS

recontadas por

Ana Maria Machado

Ilustrações de

Laurent Cardon

1ª edição

FTD

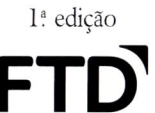

Copyright © Ana Maria Machado, 2013
Todos os direitos reservados à
**EDITORA FTD S.A.**
Matriz: Rua Rui Barbosa, 156 – Bela Vista – São Paulo – SP
CEP 01326-010 – Tel. (0-XX-11) 3598-6000
Caixa Postal 65149 – CEP da Caixa Postal 01390-970
Internet: www.ftd.com.br – E-mail: projetos@ftd.com.br

**Diretora editorial** Silmara Sapiense Vespasiano
**Editora** Ceciliany Alves
**Editora adjunta** Cecilia Bassarani
**Editor assistente** Luís Camargo
**Assistentes de produção** Ana Paula Iazzetto, Lilia Pires
**Assistentes editoriais** Ândria Cristina de Oliveira, Tássia Regiane Silvestre de Oliveira
**Preparadora** Bruna Perrella Brito
**Revisoras** Elvira Rocha, Débora Andrade
**Coordenador de produção editorial** Caio Leandro Rios
**Editora de arte** Andréia Crema
**Projeto gráfico** Sylvain Barré
**Diagramação** Paola Nogueira, Sheila Moraes Ribeiro
**Gerente executivo do parque gráfico** Reginaldo Soares Damasceno

**Ana Maria Machado** é autora de mais de cem livros. É traduzida em 19 países. Em 2000, ganhou o Prêmio Hans Christian Andersen, o Nobel da literatura infantil mundial. Em 2001, recebeu o maior prêmio literário nacional, o Machado de Assis. Em 2003, entrou para a Academia Brasileira de Letras. Recebeu o Prêmio Príncipe Claus 2010, da Holanda, concedido a artistas e intelectuais de reconhecida contribuição nos campos da cultura e do desenvolvimento.

Dados Internacionais de Catalogação na Publicação (CIP)
(Câmara Brasileira do Livro, SP, Brasil)

Machado, Ana Maria
 Histórias chinesas / recontadas por Ana Maria Machado ; ilustração Laurent Cardon. – 1. ed. – São Paulo : FTD, 2013.

 ISBN 978-85-322-8580-5

 1. Contos – Literatura infantojuvenil  I. Cardon, Laurent.  II. Título.

13-04916  CDD-028.5

Índices para catálogo sistemático:
 1. Contos : Literatura infantil  028.5
 2. Contos : Literatura infantojuvenil  028.5

Sortilégios e delicadezas.....10

A Casa de Porcelana Azul.....14

A lenda do salgueiro.....31

O Príncipe
Tartaruga.....40

Passeio
nas nuvens.....55

# Sortilégios e delicadezas

Desde os tempos mais remotos a civilização chinesa fascinou o Ocidente. Os raríssimos viajantes que conseguiam vir de lá não traziam apenas sedas, porcelanas ou objetos de marfim, ao lado de novas tecnologias assombrosas – do papel à pólvora. Traziam também histórias que faziam sonhar com as terras distantes de que Marco Polo contou maravilhas, revelando uma sociedade complexa e avançada.

Muitas dessas histórias foram se transformando pelo caminho. O ideal de beleza de pés diminutos deixou sua marca nos sapatinhos de Cinderela, que os irmãos Grimm recolheram na boca do povo na Alemanha. Os brinquedos com engrenagens mecânicas, tão perfeitas

que pareciam naturais, influenciaram *O rouxinol do imperador*, de Andersen. E a incrível delicadeza das porcelanas, cobiçadas em toda a Europa, fizeram com que, em inglês, *china* passasse a ser a palavra que designa *louça*.

    Quando eu era criança, tinha um livro chamado *Os mais belos contos de fadas chineses*. Eram fascinantes, cheios de sortilégios. Havia gênios, bruxos, espíritos, dragões, animais que se transformavam em gente e gente que virava bicho. A natureza toda fazia parte das histórias, com personagens que podiam ser nuvens, rios ou ventos. E os heróis eram bondosos, as princesas eram delicadas. Isso me atraía muito. Havia muita bondade e delicadeza nessas histórias, muito mais do que nos contos ocidentais, mais marcados pela coragem e pelo sofrimento.

Também, quando eu era pequena, lá em casa havia uma louça de desenhos azuis com motivos chineses. Eu levava um tempão comendo, mexendo o feijão com arroz no prato, raspando o molho vermelho da salada de beterraba. Aos poucos revelava casas de telhado arrebitado, uma ponte, homenzinhos sobre ela, andorinhas no céu, um barco cruzando o rio. Inventava histórias sobre eles. Mais tarde, descobri que o desenho era famoso desde o século XVIII, de uma louça inglesa conhecida como a Louça do Salgueiro, que copiava um modelo chinês. Tinha mesmo uma história na origem. Ao reunir contos para este livro, fiz questão de incluí-la. Combina com a da Casa de Porcelana Azul. E dá vontade de sair procurando muitas outras.

*Ana Maria Machado*

# A CASA DE PORCELANA AZUL

Há muitos e muitos anos, numa aldeia da China onde nunca acontecia nada extraordinário, vivia um rapaz que sonhava com grandes aventuras. Chamava-se Chiang, era valente e tinha espírito aventureiro. Mas não tinha nenhuma oportunidade para realizar grandes proezas emocionantes.

Até que um dia ouviu alguém comentar:

– Estão acontecendo coisas incríveis na Casa de Porcelana Azul.

Na roda de amigos, outros também sabiam:

– Dizem que uma família de gênios se mudou para lá.

Na mesma hora, Chiang resolveu:

– Então vou até lá, fazer uma visitinha a eles.

Na verdade, não acreditava muito em gênios, fadas nem outros seres fantásticos, porque nunca tinha visto nenhum. Os amigos, porém, acreditavam e trataram de lhe dar conselhos para mudar de ideia. Podia ser perigoso, garantiam. Gênios são cheios de mistérios e surpresas. Não se sabe o que podem aprontar.

Por isso mesmo, Chiang não deixou para depois. Saiu dali e foi direto à Casa de Porcelana Azul, que ficava nos arredores da aldeia. Bateu à porta algumas vezes, mas de início ninguém abriu.

De repente, com um rangido, as duas pesadas folhas de madeira entalhada giraram nos batentes e a porta dupla se abriu sozinha, revelando uma antessala pela qual Chiang passou e se viu num amplo salão limpíssimo e quase vazio. Tinha apenas uma mesa laqueada e um sofá macio diante dela.

Mesmo sem ver ninguém, Chiang cumprimentou:

– Obrigado por me receber, gentil senhor. Vim lhe fazer uma visita de cortesia e boa vizinhança.

No centro da sala, uma voz lhe respondeu, convidando-o a se sentar, enquanto apareciam do nada duas cadeiras, uma em frente à outra. Em seguida, chegou flutuando a seu lado uma bandeja de laca vermelha com duas xícaras e um bule de chá, que se ergueu sozinho e serviu a bebida ao rapaz. Tranquilamente, de gole em gole, ele tomou o que lhe serviam.

Enquanto isso, a mesa ia sendo posta por mãos invisíveis, com tudo o que era necessário para uma refeição: tigelas, pratinhos e pauzinhos para comer. Quando ficou pronta, Chiang sentou-se diante dela e percebeu que estava com fome.

Bem que gostaria de comer um pato com verduras e arroz. Pois foi justamente isso o que surgiu diante de si, trazido por alguém que ele não via. Se pensava num peixe com ervas aromáticas, era o que aparecia. E, assim, até a maçã caramelada da sobremesa, se deliciou com uma refeição inesquecível, em que tudo o que imaginava lhe era servido, sem que precisasse dizer nada.

Ao final, quebrou o silêncio:

– Meu gentil anfitrião, desejava muito agradecer-lhe por essa magnífica acolhida. Poderia me dizer seu nome, para eu saber a quem devo dar graças e elogiar quando sair daqui e quiser gabar sua fidalguia?

A voz respondeu:

– O nome da minha família é Hu. Mas como esse é o nome pelo qual meu pai é conhecido, e, antes dele, meu avô, meu bisavô e todos os antepassados também foram chamados assim, acabei ficando conhecido como "o jovem senhor Hu".

Chiang queria saber muitas coisas mais. Porém achou que não seria educado ficar fazendo perguntas. Com uma reverência, despediu-se e foi embora.

Na aldeia, quando contou aos amigos o que lhe ocorrera, ninguém acreditou. Até começaram a rir dele. Então resolveu não falar mais no assunto.

Mas passou a voltar à Casa de Porcelana Azul, onde a cena sempre se repetia. Com uma única diferença: embora jamais conseguisse ver as feições de seu anfitrião, os dois passaram a conversar muito. Eram momentos muito agradáveis. Falavam de poesia, de música, das belezas do mundo. Chiang foi percebendo que o jovem senhor Hu não era apenas muito bem informado sobre tudo, mas também alguém de muita cultura e sabedoria. Passou a admirá-lo cada vez mais. E um dia lhe perguntou:

– Meu caro senhor Hu, o amigo diz que é jovem, e sua voz é mesmo a de um rapaz. Mas sabe tantas coisas e é tão sábio, que isso me surpreende. Poderia me dizer quantos anos tem?

– Ih, não sei bem... – foi a resposta. – Há muito tempo deixei de contar. Deixa eu fazer as contas... Devo estar beirando uns mil anos...

Chiang se espantou tanto que até engasgou. Quando saiu dali, não resistiu a comentar o fato na roda de amigos da aldeia, contando que continuava a ir à Casa de Porcelana Azul e falando em seu misterioso anfitrião.

Aí mesmo é que todos zombaram muito de Chiang. Chamaram-no de mentiroso e riram dele. O rapaz ficou furioso e voltou à casa do jovem senhor Hu, que se surpreendeu ao vê-lo regressar em tão pouco tempo.

– Senhor... – pediu Chiang. – Meus amigos não acreditam no senhor nem em mim. Será que não poderíamos provar a eles que eu não estou mentindo? E ao mesmo tempo fazer um bem ao povo da aldeia?

– O que você sugere? – perguntou a voz.

– Pensei numa coisa. Do outro lado da aldeia mora uma velha feiticeira que vive de enganar os pobres. Sempre que alguém adoece ela aparece e promete curas milagrosas em troca de dinheiro e presentes. Desesperadas, as pessoas dão o que ela pede. No início, o doente melhora. Depois, quando a família não tem mais nada a lhe dar, ela some e deixa todos no desamparo. E quem não concorda em recebê-la enfrenta castigos terríveis, por isso todos acabam cedendo. Seria ótimo se o senhor pudesse me ajudar a vencer essa bruxa.

– Sei quem é ela – disse a voz. – O seu pedido é bom e justo. Vou ajudá-lo.

Ouviu-se então o barulho de alguém batendo palmas, como se desse uma ordem. No mesmo instante, as portas da rua se abriram e diante delas estava um magnífico cavalo branco todo equipado.

Chiang montou o animal e saiu a galope em direção à casa da feiticeira. No caminho, percebeu que seus trajes se cobriam de minúsculos grãozinhos de uma poeira branca. Fez um gesto para espaná-los, mas uma voz suave murmurou em seu ouvido:

– Não nos jogue fora! Somos os servos do jovem senhor Hu. Cada grãozinho é um de nós que trabalha para ele. Vamos ajudá-lo.

Confiante, Chiang cavalgou até a cabana da velha, onde a encontrou mexendo um caldeirão com uma gosma verde e fedorenta. Ao ver o visitante, a bruxa interrompeu por um momento o que fazia, e ele notou que as unhas dela eram enormes, curvas e sujas, como garras de animal.

– A que devo a honra de tão nobre visita? – perguntou ela, numa voz rouca e debochada.

Decidido, Chiang respondeu:

– Ouvi dizer que a senhora se arrependeu de ter roubado dinheiro dos pobres coitados da aldeia e estava querendo devolver tudo. Pois bem, vim ajudá-la e recolher essa quantia e todas as outras coisas que a senhora recebeu injustamente.

Ela deu uma gargalhada:

– Não faltava mais nada! Está pensando o quê? Que é só chegar aqui assim e ir levando o que é meu? Não tenho medo de ninguém. Vou imediatamente castigá-lo por sua ousadia e transformá-lo em...

Nem deu para saber o que ela pretendia fazer, porque Chiang deu uma palmadinha em sua própria roupa e levantou uma nuvem de poeira branca. O pó que se desprendeu imediatamente rodeou a velha, foi envolvendo a garganta dela e atrapalhando sua respiração.

– Socorro! Socorro! – gritou ela.

– Vou socorrer, mas isso foi para você entender...

– Já entendi. Me solte!

Chiang fez um gesto e a poeirinha branca se levantou numa nuvem e voltou a pousar em sua roupa. Assim que se viu solta, a velha começou a se explicar:

– As coisas e o dinheiro que eu ganhei foram o pagamento dos meus serviços, por eu ter curado aquela gente... não vou devolver nada.

Chiang deu outro tapinha na sua roupa, os grãozinhos de pó se desprenderam dela novamente e tornaram a apertar a garganta da feiticeira.

– Chega... – gemeu ela, quase sufocada. – Chame esses duendes de volta. Eu devolvo tudo.

– Onde está o tesouro?

– Ali, naquela caixa – mostrou ela, já num fiapo de voz.

Chiang abriu a tampa de um baú no canto da sala. Viu que estava cheio de moedas de ouro e prata, peças de fina seda, joias de todo tipo, porcelanas delicadas. Havia ainda uma lista com os nomes de muitas famílias e a relação do que cada uma tinha dado a ela.

Assim que Chiang fechou de novo a tampa, fez um gesto em direção à velha e os grãozinhos brancos a soltaram.

No mesmo instante, ouviu-se o barulho de um trovão, houve uma explosão como se um raio tivesse atingido a sala, e ele caiu para trás.

Quando abriu os olhos, a cabana da bruxa tinha desaparecido e não havia nem sinal da mulher. A poeirinha branca também tinha sumido. Pelo jeito, não seria mais necessária e os servos do jovem senhor Hu deviam ter voltado para a Casa de Porcelana Azul.

Mas o baú continuava ali, com o tesouro. O rapaz o recolheu do chão, amarrou-o no cavalo, montou e foi para a aldeia. Lá chegando, foi lendo a lista e seguiu de casa em casa, devolvendo o que fora roubado de cada um dos que tinham sido enganados. A todos explicava que aquele ato de justiça se devia ao jovem senhor Hu.

Dessa vez, acreditaram nele.

Por isso, em seguida, toda a população da aldeia foi até a Casa de Porcelana Azul, carregando presentes de agradecimento, flores, doces. Só que ninguém teve coragem de entrar. Depositaram tudo nos degraus da entrada da casa. Quando não cabia mais nada, continuaram pelo jardim afora.

Só Chiang tinha essa coragem. Continuou indo lá sempre, e cada vez ele e o jovem senhor Hu ficavam mais amigos, embora o rapaz nunca visse seu anfitrião.

Quando já fazia quase um ano daqueles encontros, depois de um jantar especialmente delicioso e agradável, a voz do desconhecido disse:

– Meu amigo, esta é nossa despedida. Vou ter de partir. Não posso ficar mais de um ano no mesmo lugar e o prazo está se acabando.

Contendo as lágrimas e com voz triste, Chiang respondeu:

– Vai ser uma pena! Vou sentir muito sua falta. Aprendi a gostar muito de nossos encontros.

– Eu também – disse o jovem senhor Hu. – Você é um rapaz muito especial. Ficamos amigos, você sabe quanto eu sou poderoso, mas mesmo assim, em todo esse tempo, nunca pediu nada para você. Pois chegou a hora: faça um pedido agora.

Chiang não conseguiu pensar em nada. Então o amigo lhe disse:

– Pois vou pelo menos satisfazer a curiosidade que você tem, mas, muito bem-educado, nunca expressou. Sei que gostaria muito de ver meu rosto. Então veja.

E num instante, Chiang viu aparecer diante de si um rapaz muito bonito e elegante, simpático, sorridente e vestido em trajes riquíssimos. Brilhou por alguns segundos e logo desapareceu.

Chiang se viu sozinho numa sala escura, sem qualquer móvel. Ao sair da Casa de Porcelana Azul, percebeu que ela não brilhava mais. Estava suja, coberta de poeira e musgo, como um caco de louça velha que a gente acha meio enterrado no campo.

Voltou para a aldeia muito triste. E nunca mais apareceu ninguém na casa do jovem senhor Hu.

O tempo passou. O irmão mais moço de Chiang cresceu, foi estudar numa cidade grande, virou embaixador. Gastava muito, fazia dívidas, volta e meia pedia dinheiro ao irmão mais velho. Chiang emprestava. Ou dava, porque nunca cobrava o pagamento. E ia ficando cada vez mais pobre.

Um dia em que estava se sentindo muito triste, velho e sozinho, resolveu ir visitar o irmão na capital. Encontrou-o bem-disposto, morando muito bem, ricamente trajado, com uma mesa farta e cercado de amigos. Ficou feliz por vê-lo tão bem encaminhado na vida e contente porque sabia que sempre o ajudara. Ficou uns dias hospedado com ele, mas depois chegou a hora de voltar.

Veio andando pela estrada, meio triste e pensativo. Ia voltar para uma casa vazia e sem amigos. E mal tinha dinheiro para se sustentar.

Numa curva, encontrou um jovem cavaleiro que o cumprimentou e perguntou se podia seguir viagem em sua companhia. Pelo menos, em parte do caminho, pois iam na mesma direção.

Foram conversando e trocando ideias sobre os assuntos mais diferentes. O encontro fez muito bem a Chiang, que andava mesmo se sentindo muito solitário e precisando de uma presença amiga. Seu companheiro lhe perguntou por que tinha um ar tão desanimado, e Chiang, pouco a pouco, acabou comentando as razões de sua tristeza.

O outro foi falando, suavemente, de tantas coisas sábias, que Chiang começou a ter a sensação de que eram velhos amigos e se conheciam havia muito tempo. Finalmente, numa encruzilhada do caminho, o cavaleiro disse que iria tomar outra estrada.

– Mas faço questão de lhe deixar um presente, meu amigo. Um amigo novo ou velho, não importa. Sei que foi o melhor que tive em minha vida.

Entregou-lhe uma caixa de madeira lavrada, juntou as mãos e se curvou em sinal de despedida. Depois, esporeou o cavalo e desapareceu na curva da estrada.

Surpreso com aquela despedida tão rápida, Chiang mal teve tempo de apear, depositar no chão o baú que acabara de receber e acenar de volta. Depois, curioso, abriu a caixa.

Mal podia acreditar no que seus olhos viam: uma enorme quantidade de joias valiosíssimas, em ouro, prata e pedras preciosas. E do meio delas se levantou uma poeira branca, feita de grãozinhos minúsculos que se grudaram em seu traje.

Logo ele reconheceu os servos do jovem senhor Hu e ficou muito contente. Percebeu que o cavaleiro desconhecido que tinha encontrado era seu velho amigo.

Em seguida, ouviu uma voz suave sussurrar em seu ouvido:

– No meio dessas joias há uma mensagem do jovem senhor Hu e um documento. Leia-o.

Imediatamente, Chiang buscou o papel. Era uma doação para ele. A partir desse dia, passava a ser o dono da Casa de Porcelana Azul, com a garantia de que nada lhe faltaria lá dentro.

Novamente, a nuvem de poeira branca o rodeou e a voz misteriosa murmurou em seu ouvido:

– Temos ordens também de satisfazer a um pedido seu. É só ordenar e nós faremos. Pode pensar quanto quiser.

Chiang não precisou pensar. Apenas disse:

– Quero que levem ao jovem senhor Hu minhas palavras do mais sincero agradecimento e lhe digam que foi o melhor amigo que tive em minha vida. E que terei muito prazer em recebê-lo na Casa de Porcelana Azul sempre que ele puder vir me visitar, pois vou sempre me lembrar dele com afeto e gratidão.

E assim se fez. Por muitos e muitos anos os dois amigos puderam continuar a se encontrar e conversar, com a felicidade que só a verdadeira amizade pode trazer.

# A LENDA DO SALGUEIRO

    Contam que há muito tempo, no interior da China, havia um mandarim muito poderoso que tinha uma filha lindíssima, chamada Kung-Se. Fazia planos mirabolantes para o casamento dela, sonhando que a moça seria a esposa de algum nobre influente e rico. Examinou bem todos os possíveis candidatos e acabou se decidindo por um duque, senhor de muitos exércitos e muitas terras.

Kung-Se, no entanto, tinha outros planos. Até mesmo porque nem conhecia esse duque poderoso. Mas conhecia muito bem um rapaz humilde, pobre e simpático que encontrava quase todos os dias no próprio palácio. Ele se chamava Chang, era inteligente e bonito, mas não tinha um tostão. Na verdade, trabalhava como auxiliar de contador e ajudava a cuidar dos negócios do mandarim.

Ninguém desconfiava que aquilo pudesse acontecer, mas aconteceu. Chang e Kung-Se foram se olhando em silêncio, disfarçadamente, e gostando do que viam.

Olhavam-se cada vez mais. No começo, quando um percebia que o outro também estava olhando, ficava sem graça e desviava os olhos. Mas foram se acostumando e gostando daquilo. Passaram a se buscar, a trocar olhares e sorrisos.

Depois levaram as trocas mais adiante. Às vezes falavam algumas palavras em voz baixa um para o outro, quando ninguém estava reparando. Aos poucos, começaram a conversar escondidos cada vez que tinham uma oportunidade. Ficaram amigos e confidentes à medida que o tempo passava. Finalmente, não tinham mais como esconder de si mesmos que tinham se apaixonado.

– Quero me casar com você. Vou falar com seu pai e pedir sua mão – disse Chang.

– Ele jamais vai permitir que nos casemos – garantiu Kung-Se, que conhecia o pai que tinha. – Precisamos estar preparados para o pior.

Mas, mesmo assim, acharam que deviam tentar. E resolveram ir juntos falar com o mandarim.

O pai de Kung-Se ficou furioso. Gritou, esbravejou, espumou, deu ordens para todo lado.

– Não quero mais você por aqui. Vou contratar outro contador!

Demitiu Chang de seus serviços, proibindo-o para sempre de sequer pensar em voltar ao palácio. Mandou trancar a filha num pavilhãozinho construído atrás do templo que havia no jardim, sem poder sair nem falar com ninguém.

– Senhor, tenha pena dela – pediu a velha criada que cuidava da moça.

– Pena?! Pena?! Está pensando o quê? Esses dois me traem dentro de minha própria casa e você ainda vem pedir para eu ter pena? Pois vai para a rua também, demitida igual a ele.

Os dois namorados nem puderam se despedir.

Os soldados levaram Chang para longe, enquanto Kung-Se chorava e se desesperava.

Depois, o mandarim mandou construir uma cerca altíssima em volta do palácio, para que os jovens não conseguissem nem se ver, se um dia o rapaz voltasse a circular por aquelas redondezas.

Prisioneira em sua própria casa, Kung-Se era vigiada o tempo todo e não podia se afastar do quintal. No máximo, lhe permitiam que passeasse pelo jardim que chegava até a beira do lago.

Foi nesse lugar que um dia ela viu algo estranho que vinha flutuando. Parecia até um barquinho, mas era uma concha muito leve, com uma grande folha de árvore caída em cima, que se inchava com a brisa como se fosse uma vela. Quando a moça se abaixou para recolhê-la, percebeu que dentro havia um pedaço de papel bem fino, com um poema escrito. E uma conta de vidro, que ela tinha dado a Chang.

A filha do mandarim logo percebeu que o amado andava por perto e lhe mandava uma mensagem. Era como se dissesse: "Continuo pensando em você. Não me esqueça".

A moça logo se encheu de esperança. Ficou tão alegrinha que o pai desconfiou de algo. Mais que isso: resolveu apressar o casamento da filha e tirá-la dali de uma vez por todas.

Mandou avisar ao duque que sua filha estava pronta para o casamento. Era só marcar a data.

Acabaram escolhendo o dia da cerimônia. Quando brotassem as primeiras flores do salgueiro que havia na beira do lago, as bodas seriam marcadas para daí a uma semana.

Sabendo disso, assim que brotaram as primeiras flores, Kung-Se conseguiu mandar um recado para Chang. Na esperança de que o amado estivesse por perto, ficou passeando junto à cerca, cantando:

*Mesmo sem fim os amores*
*É hora de colher flores*
*Antes que sejam roubadas.*

Chang estava mesmo do outro lado. Assim que ouviu aquelas palavras, entendeu perfeitamente. Era um recado de sua amada.

Esperou que escurecesse e deu um jeito de pular a cerca e entrar no pomar durante a noite. Ainda não sabia o que iria fazer, mas tinha confiança em seu amor. Certamente, quando chegasse a hora, saberia agir.

Escondido lá dentro, numa cabaninha de madeira que servia para guardar ferramentas, viu quando o duque chegou, todo poderoso e rico, com uma caixinha de joias de presente para a noiva. Viu também os preparativos para a festa. E viu quando Kung-Se se aproximou de seu esconderijo, com um séquito de atendentes.

Lembrando-se de como os dois um dia tinham prestado atenção ao canto de um pássaro raro e diferente, Chang imitou aquele gorjeio. Logo percebeu que Kung-Se ficou corada de repente, perturbada, olhando na direção da cabana, mas disfarçando em seguida. Interrompeu o canto e daí a pouco repetiu, sempre da mesma maneira. Ela repetiu então a canção que entoara na véspera:

> *Mesmo sem fim os amores*
> *É hora de colher flores*
> *Antes que sejam roubadas.*

Ele gorjeou de novo como o pássaro. Agora sabia que tinham se comunicado. E ficaria ali esperando por ela.

Mais tarde, quando já estava quase escurecendo, viu que a moça se aproximava de seu esconderijo, vestida com as roupas de uma criada, para combinar o plano de fuga. Conversaram rapidamente e ficou tudo acertado.

No banquete do casamento, Kung-Se misturou ao vinho uma planta que dava muito sono. Por isso, o duque, o mandarim e todos os convidados ficaram logo sonolentos.

Os dois namorados se aproveitaram do sono geral e da escuridão da noite e fugiram pela ponte que levava a uma ilha no meio do lago.

De manhã cedo, o mandarim levou um susto ao procurar por Kung-Se:

– Onde está minha filha?

Quando descobriu a fuga, saiu em perseguição dos dois, de chicote na mão, e acompanhado pelo duque e um séquito de criados dispostos a tudo. Dizem que havia uma ala inteira de servos com lanternas na mão, para garantir que nem mesmo à noite os perseguidores descansariam.

Não se sabe se algum dia acharam os fugitivos. Afinal, esta história é muito antiga e tem muitos finais.

Uns dizem que eles logo foram encontrados e mortos. Mas que, ao serem enterrados, de seus túmulos escaparam duas andorinhas que saíram voando pelo céu e ficaram unidas para sempre.

Outros dizem que eles se casaram e viveram muito felizes. Mas não para sempre, porque o mandarim os encontrou e, para fugir do sogro, Chang pulou do alto de uma cachoeira. Kung-Se achou que ele tinha se afogado. Porém, alguns meses depois, dois passarinhos vieram avisá-la de que o rapaz tinha se salvado e vinha buscá-la. E um dia ele veio mesmo, de barco, pelo lago, até junto da janela dela.

Outros dizem que eles ficaram juntos até bem velhinhos, vendo crescer os filhos e os filhos dos filhos. E que morreram no mesmo dia, quando se transformaram em duas pombinhas que saíram voando até se perder nas nuvens, ao longe.

É muito difícil saber o que aconteceu com certeza, porque a maneira mais famosa de contar essa história não foi com palavras nem com uma canção, mas com uma pintura muito especial. Uma pintura azul num prato de porcelana branca, que ficou conhecida no mundo inteiro: a Louça do Salgueiro.

Na verdade, fabricantes diferentes fizeram modelos diferentes dessa pintura. Se algum dia você encontrar uma, logo vai ver partes da história, que todas elas têm:

Casas chinesas, de telhado arrebitado.

Um jardim e uma cerca.

Um lago, com um barco navegando nele.

Uma grande árvore de ramos pendurados sobre o lago – o salgueiro.

Uma ilha e uma ponte. E gente cruzando a ponte. Se forem duas pessoas, é o casal de namorados. Se forem mais, de lanterna na mão, são os perseguidores.

E sempre, no alto do céu, dois pássaros voando. O símbolo de que o amor venceu.

Dizem que ele vence sempre. Na China ou por aqui.

# O Príncipe Tartaruga

  Conta uma história chinesa que, há alguns séculos, vivia por lá um rapaz chamado Feng. Era muito bondoso e se preocupava com os outros. Não podia ver ninguém sofrendo ou precisando de alguma coisa que logo se dispunha a ajudar. Mas era ingênuo demais. Acreditava em qualquer pedido. Nem se preocupava em garantir que seria retribuído mais tarde. Como todo mundo sabia disso, começaram a abusar. Pediam tudo a ele. Assim ele foi se prejudicando: dava o que tinha, trabalhava de graça para os vizinhos, emprestava dinheiro a uns e outros. Ninguém lhe pagava ou devolvia o que emprestara.

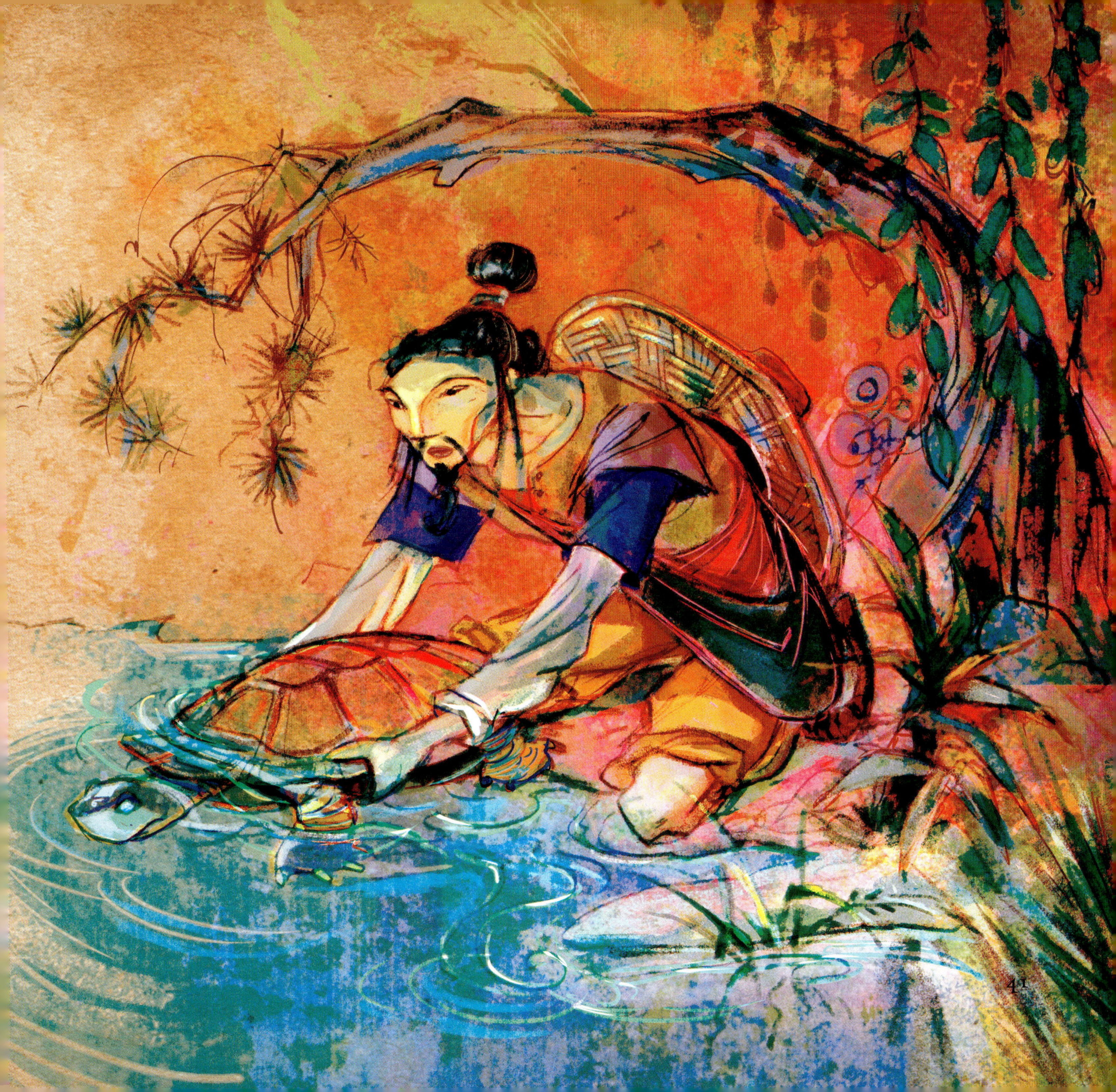

Bom, ninguém, não. Em agradecimento por ter recebido ajuda para comprar material para fazer uma rede nova, um vizinho pescador sempre lhe levava algum bom peixe que pescasse. E uma vez lhe deu de presente uma enorme tartaruga, com uma mancha branca na cabeça.

– Faça uma boa sopa.

Era tão grande que devia ser muito velha. Feng olhou para ela e pensou: "Esse animal deve ter vivido muitos anos. Talvez seja mais velho que nossa aldeia. Não tenho coragem de lhe tirar a vida".

Assim pensando, soltou-a novamente no rio. Não era fácil tomar essa decisão, porque, àquela altura, Feng já tinha dado aos outros tudo o que possuía. Como não lhe devolviam, tinha ficado pobre e passava por muitas dificuldades. A carne daquela tartaruga podia alimentá-lo por vários dias. Mesmo assim, ele deixou o animal em liberdade.

Alguns dias depois, ia andando pelo caminho que margeava o rio, quando veio em sua direção um senhor grandalhão, ricamente vestido, acompanhado por uma escolta de quatro criados armados de bastões.

– Saia já do meu caminho e me deixe passar! – ordenou, num tom de quem estava acostumado a ser obedecido.

Feng era de boa paz, mas não gostou daquilo e respondeu:

– O caminho dá para todos, é só cada um chegar para o lado.

– Ninguém me responde assim. Vou ordenar que lhe deem uma surra – disse o outro.

– Não gosto de surras nem de ordens – respondeu ele, sem levantar a voz.

O estranho, impressionado com aquela coragem, fez um sinal para que os criados o cercassem e perguntou:

– Quem é você?

– Meu nome é Feng.

Surpreendentemente, o grandalhão se ajoelhou à sua frente no caminho enlameado, exclamando:

– Mas então eu devo minha vida a você! Desculpe, eu não sabia. Por favor, me acompanhe. Preciso lhe agradecer condignamente.

E enquanto o forçava a caminhar até uma casa grande e confortável à beira da água, o homem explicava que era o oitavo príncipe daquele rio e estava de mau humor porque se aborrecera muito numa festa de onde vinha, nas grutas de uma montanha vizinha.

Todos diziam que essa montanha era um lugar enfeitiçado, e Feng desconfiou que o sujeito podia ser um bruxo ou um gênio.

Depois, reparou que uma mecha de cabelo branco na testa aparecia por baixo do chapéu dele. Seria a tartaruga que ele salvara? Isso explicaria aquela última frase, que ele não entendera, falando em agradecimento.

Como se adivinhasse seus pensamentos, o homenzarrão confirmou que era um gênio e continuou:

– Sou o Príncipe Tartaruga e quero recompensá-lo.

Caminharam até um magnífico palácio à beira do rio e entraram na casa do gênio, onde havia um rico banquete à sua espera. Ao final da refeição, ouviram um sino ao longe. Então o oitavo príncipe do rio se levantou e disse:

– Estão me chamando. Tenho de ir embora. Mas quero lhe dar uma recompensa. Não pode ser sua para sempre, um dia virei buscá-la. Mas só quando seus desejos estiverem satisfeitos. Até lá, será seu talismã, para lhe dar sorte. Tome.

Estendeu a mão em direção a Feng, mas estava vazia. Em vez de lhe entregar algum presente, deu um beliscão no braço do rapaz. Com tanta força que doeu:

– Aaai!!!!

O gênio achou graça e riu. Depois, levou-o até a porta e se despediu. Em seguida ouviu-se um pof!, como se uma bolha estourasse. E Feng viu que a casa tinha sumido, com tudo e todos que estavam dentro.

Em seu lugar, só se via uma tartaruga enorme, feia e desajeitada, com uma mancha branca na cabeça. Sem olhar para ele, o animal escorregou para dentro do rio e desapareceu no fundo das águas.

O que não desaparecia era a dor do beliscão no braço. Feng levantou a manga da túnica para esfregar o local machucado e viu que surgira naquele ponto uma pequena tatuagem em forma de tartaruga.

Ainda espantado com tudo o que lhe acontecera, prosseguiu em seu caminho. De repente, percebeu que em determinado ponto a terra estava transparente. Lá dentro, podia enxergar uma pérola enorme. Mal podia acreditar, mas se abaixou, cavou com as mãos e a apanhou. Guardou-a no bolso e voltou para casa, pensando naquilo.

Assim que entrou, percebeu que o piso de sua sala também estava transparente. Lá no fundo, viu moedas de ouro. Foi só escavar e retirar aquele tesouro que alguém deixara ali enterrado. Devia fazer muito tempo, porque eram moedas antigas e ele jamais ouvira falar em um saco de dinheiro perdido ou escondido por ali.

Compreendeu que era esse o presente do gênio: ganhara a capacidade de descobrir joias e objetos preciosos que estivessem debaixo da terra. Mas sabia que era uma dádiva temporária.

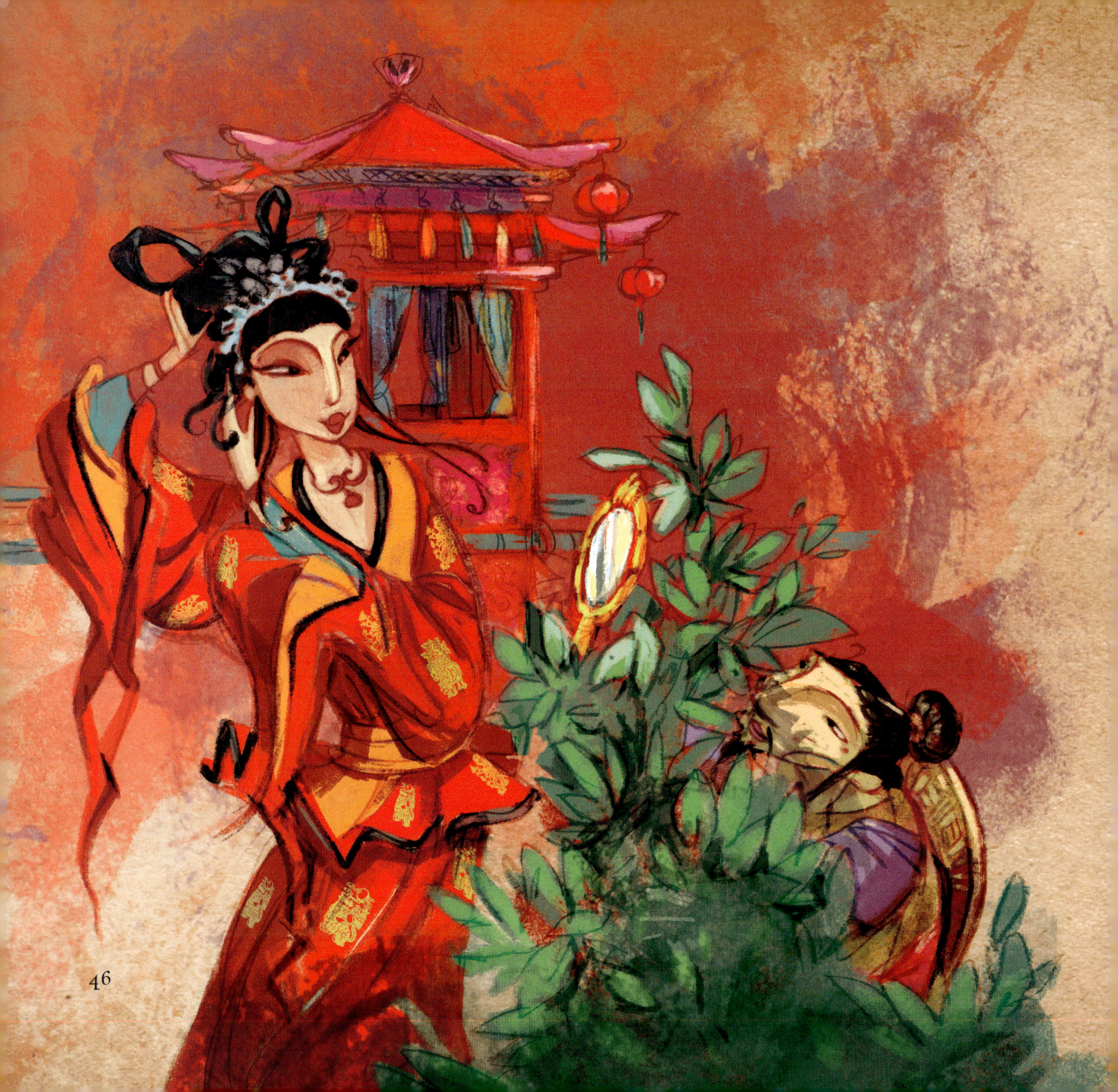

Não podia gastar tudo nem deixar que o enganassem, como antes. Teria de usar com sabedoria o talismã da sorte que o Príncipe Tartaruga lhe confiara.

A partir desse dia, a vida de Feng melhorou. Recuperou o que tinha perdido, adquiriu o que necessitava, acumulou uma boa reserva de riquezas. Tudo bem guardado, para não chamar a atenção dos invejosos nem despertar a cobiça de quem se acostumara a lhe pedir favores em vez de trabalhar.

Entre os objetos de arte que encontrara, havia um espelho com rica moldura de prata, que desenterrara num jardim abandonado. Também o guardou no seu tesouro.

Um dia, Feng estava sentado junto a uma fonte, no bosque que havia ao lado de sua casa, quando viu chegar um cortejo. Escondeu-se atrás de uma pedra e ficou olhando. Era a bela princesa Flor de Lótus, que viajava com seu cortejo.

Pararam todos para descansar um pouco. Quando a princesa afastou as cortinas de seda e desceu de sua liteira, Feng ficou impressionado com a beleza, a graça e a suavidade dela. E com a doçura de sua voz, quando disse:

– Que pena o cristal de meu espelho ter se quebrado! Meu penteado pode estar se desmanchando e não posso arrumá-lo direito sem ver o que estou fazendo.

Feng correu em casa e apanhou seu espelho. Sabia que não devia se aproximar da princesa nem falar com ela, então se escondeu num arbusto para onde ela estava olhando e deu um jeito para que ela pudesse ver o rosto refletido nele. Assim ela pôde constatar que o penteado continuava perfeito e não havia nada a retocar em sua beleza. Satisfeita, voltou à liteira. Em seguida, o cortejo prosseguiu em seu caminho.

Ao chegar em casa, quando foi guardar o espelho, Feng teve uma surpresa. A imagem do rosto da princesa não desaparecera, mas continuava refletida nele.

– Deve ser mágico, ter algum encantamento. Com certeza, o Príncipe Tartaruga acaba de me dar outro presente. Vou ficar com a imagem dela para sempre...

Acontece, porém, que Feng ficou tão fascinado pela imagem, que não guardou o espelho com cuidado como deveria ter feito, mas o deixou em sua sala principal, para poder vê-lo o tempo todo. E os criados também podiam vê-lo. Assim, foi se espalhando o rumor de que Feng tinha um retrato da princesa Flor de Lótus, cujas feições deviam ser mantidas escondidas do povo. E os murmúrios chegaram aos ouvidos do pai dela, o príncipe Su, que ordenou que o rapaz fosse preso e trazido à sua presença antes de ser decapitado.

– Vamos, diga-me, como conseguiu retratar minha filha? – perguntou-lhe, furioso.

– Não a retratei, senhor. O espelho é que é mágico e me trouxe suas feições. Mas confesso que fiz algo proibido. Meu erro foi vê-la e, por isso, mereço ser condenado à morte.

Como o príncipe Su não acreditava naquilo, Feng lhe mostrou o objeto. Assim, foi possível constatar que se tratava de um espelho, não de um retrato.

– E como o reflexo do rosto de minha filha foi parar aí?

Feng contou a ele como encontrara a princesa e se escondera num arbusto. Mais uma vez, isso confirmava que a vira – o que era proibidíssimo. Mas, agora, era ela quem o via sem ser vista. Escondida detrás de um para-vento de seda pintada, a princesa Flor de Lótus contemplava o rapaz pelas frestas que se formavam entre as folhas do biombo. E ouvia o interrogatório a que seu pai o submetia.

– Como adquiriu este objeto? – trovejou o pai da moça, furioso.

– Eu o desenterrei em um jardim abandonado. Tenho o dom de enxergar objetos preciosos escondidos debaixo da terra.

– Não acredito em nada disso!

Virando-se para os guardas, ordenou:

– Levem-no para o calabouço e o acorrentem! Amanhã, ao nascer do sol, será executado!

No fim da tarde, porém, a princesa Flor de Lótus foi à procura do príncipe Su.

– Pai, tenho uma ideia. Esse rapaz já me viu, isso está feito. Morto ou vivo, não faz diferença. A lei já foi quebrada. Mas, se ficar vivo, temos outra saída. Pela lei, só meu marido pode me ver. Então, posso me casar com ele. Ele fica sendo meu marido e o mal estará consertado.

– Jamais! Nunca vou permitir uma coisa dessas!

– Pense bem. Dessa forma, o senhor pode aproveitar esse dom que ele tem para desenterrar tesouros. Fica tudo em família e o senhor pode ficar riquíssimo.

– Nunca! De jeito nenhum! – gritava o príncipe Su.

Mas a verdade era que a princesa não estava interessada em riqueza alguma, isso era só argumento para o pai. Ela se apaixonara por Feng e estava resolvida a salvá-lo. Então, mudou a conversa:

– Se ele for morto, vou parar de comer e morrer também. De fome.

O pai não acreditou muito, mas ficou com medo, porque conhecia a determinação da filha. Mandou que Flor de Lótus ficasse trancada no quarto, de castigo. Mas também mandou suspender a execução de Feng. Assim, tinha mais tempo para pensar e resolver o que fazer.

Todo dia, pedia notícias de Flor de Lótus e lhe diziam que ela continuava sem comer, chorando sem parar. Foi ficando impressionado com a teimosia da moça. Ao fim de alguns dias, foi vê-la. Sua beleza tinha sumido: estava magra, pálida, abatida, com olheiras profundas e olhos inchados e vermelhos.

Apesar de furioso, o príncipe Su resolveu ceder. Mandou soltar o rapaz e lhe disse:

– Eu não queria isso, mas é vontade de minha filha, que insiste em casar com você. Azar o dela. Permito que vocês se casem, mesmo sabendo que você não tem onde cair morto e nem ao menos vai poder me dar o presente a que eu tenho direito pelo casamento. Mas quero deixar bem claro que não aprovo. Saiba que não estarei presente na festa e me envergonho desse casamento. Você casa com ela, mas viverá desonrado.

Feng ficou na maior felicidade. Curvando-se, agradeceu e pediu para ir até sua casa, vestir-se para o casamento e preparar um presente.

Ele contratou centenas de criados e os vestiu ricamente. Em seguida, abriu seu tesouro guardado, foi pegando as riquezas que tinha e entregou a cada criado uma bandeja, vaso ou tigela de ouro, transbordando de joias e pedras preciosas. Depois, trajou-se suntuosamente, montou um cavalo magnífico e se encaminhou para o palácio, encerrando o cortejo.

Quando anunciaram ao príncipe Su a chegada de seu futuro genro carregado de presentes, ele foi até a varanda do palácio para ver. Não acreditava nos próprios olhos. Então, aquela história mirabolante que Feng contara devia ser verdade...

Desceu do trono e abraçou o rapaz, abençoando as bodas.

Nunca se viu casamento igual. Os noivos se mudaram para um belo pavilhão em meio a um jardim belíssimo. Durante algum tempo, Feng ainda descobriu muitos tesouros enterrados. Ficou com o que necessitava para ter uma vida confortável ao lado de sua bela esposa e dos filhos que foram tendo, mas distribuiu entre os pobres das redondezas a maior parte.

Certa noite, estava sozinho em seu quarto quando lhe apareceu na porta o oitavo príncipe do rio. Feliz por rever o amigo, Feng o cumprimentou e convidou a se sentar.

– Não posso, estou com muita pressa. Só tenho alguns minutos. Vim buscar o que lhe emprestei, porque você já não precisa mais.

Mal disse isso, o Príncipe Tartaruga deu alguns passos em direção a Feng e novamente lhe deu um beliscão no braço.

– Aaai!!!! – gritou ele, sentindo a dor.

No mesmo momento, levantou a manga da túnica e viu que a tatuagem de tartaruga desaparecera. Olhou em volta e não havia mais ninguém no quarto.

Correu para o jardim e ainda viu o vulto do oitavo príncipe do rio sumindo detrás de uma touceira de flores junto ao rio. Quis segui-lo, para agradecer mais uma vez a seu benfeitor. Mas, ao chegar à margem, só teve tempo de ver uma tartaruga grande, feia e pesadona, com uma mancha branca na cabeça, deslizando para dentro da água.

Ela nunca mais foi vista.

54

# Passeio nas Nuvens

Há muitos e muitos anos, numa aldeia da China, vivia um rapaz bom, generoso e trabalhador chamado Huang. Estava sempre disposto a ajudar os outros e sonhava poder ir para a capital estudar e se tornar um sábio. Costumava conversar sobre isso com seu maior amigo, um vizinho que era o mais velho de sete irmãos e sustentava a mãe viúva e toda a criançada.

Um dia, esse vizinho sofreu um acidente e morreu, deixando a família desamparada. Huang não teve dúvidas: decidiu cuidar deles, mesmo sabendo que para isso teria de desistir de seu sonho de estudar.

Foi o que fez. Deixou de lado os livros, pincéis, tintas e papéis, e mudou de atividade. Não era nada fácil vestir e alimentar mais gente – uma mulher e seis crianças. Mas Huang se esforçou. Foi ser mercador, comprando e vendendo objetos de uma aldeia para outra. Levantava cedo, pegava a estrada e trabalhava duro. Aos poucos, foi conseguindo dar conta da missão que impusera a si mesmo.

Certa vez, numa dessas viagens, quando voltava de Nanquim, pernoitou numa hospedaria. Antes de dormir, tomava chá verde quando notou que havia, num canto da sala, um homem muito magro e pálido, pensativo, com a cabeça apoiada nas mãos. Tão pálido que parecia a ponto de desmaiar.

Huang se preocupou e foi até ele:

– Desculpe, não quero incomodá-lo. Mas o senhor está se sentindo bem? Precisa de alguma coisa?

O homem olhou para ele e só fez um gesto com a cabeça, indicando que não. Parecia sem forças até para falar.

– Vou lhe trazer um pouco do meu chá – disse o rapaz.

Mas fez mais que isso. Foi até a cozinha, pediu licença e rapidamente se serviu do que havia nas panelas, dizendo ao dono da hospedaria:

– Pode pôr na minha conta.

Voltou para junto da mesa, trazendo uma tigela de arroz e outra com legumes. O homem pálido viu aquilo e se atirou à comida com tanta fome que num instante tinha acabado com tudo.

Como o hospedeiro se aproximava, Huang encomendou um jantar completo para o desconhecido. A refeição, farta e variada, foi também devorada rapidamente. E depois, a repetição. E depois, a sobremesa. E depois, um chá.

Ao final, o homem se levantou, inclinou-se diante de Huang e agradeceu:

– Muito obrigado. Há anos eu não comia tão bem. Como posso lhe retribuir?

– Não é necessário – respondeu Huang, ainda meio espantado e sem saber o que dizer.

– Então, obrigado, mais uma vez. Não quer nada mesmo?

– Apenas saber seu nome e endereço – disse o rapaz, cheio de curiosidade por aquela figura estranha e misteriosa.

– Meu nome eu não posso dizer. E endereço eu não tenho.

– Sendo assim, só me resta despedir-me do senhor. Devo me levantar muito cedo amanhã para prosseguir viagem.

Na madrugada seguinte, quando ia partir, Huang percebeu o homem magro à sua espera para acompanhá-lo. Ficou preocupado. Precisava ir de um mercado para outro com suas mercadorias, trabalhando muito. E tinha sete bocas para alimentar. Não podia cuidar de mais um faminto. Tratou de se livrar gentilmente daquela companhia:

– Desculpe, senhor, mas realmente não posso levá-lo comigo. Estou em viagem de trabalho.

– Não vou acompanhá-lo por todo o caminho, fique tranquilo – disse o homem. – Só um pouco. Você vai enfrentar um grave perigo e eu precisarei ajudá-lo. Não posso deixar de retribuir o que me fez.

Por mais que perguntasse, Huang não conseguiu mais nenhuma informação. O sujeito ficou calado. O jeito foi seguir viagem com ele ao lado. Na hora do almoço, pararam em outra hospedaria. Huang começava a pedir duas refeições reforçadas, quando o desconhecido o interrompeu:

– Para mim, não precisa pedir nada. Não se preocupe comigo. Só como uma vez por ano, e foi ontem.

Ouvindo aquilo, Huang começou a desconfiar de que o magrelo devia ser um gênio. Isso explicaria tanta esquisitice. Mas um gênio de que tipo? Impossível saber. E, pelo visto, o sujeito não gostava de dar explicações.

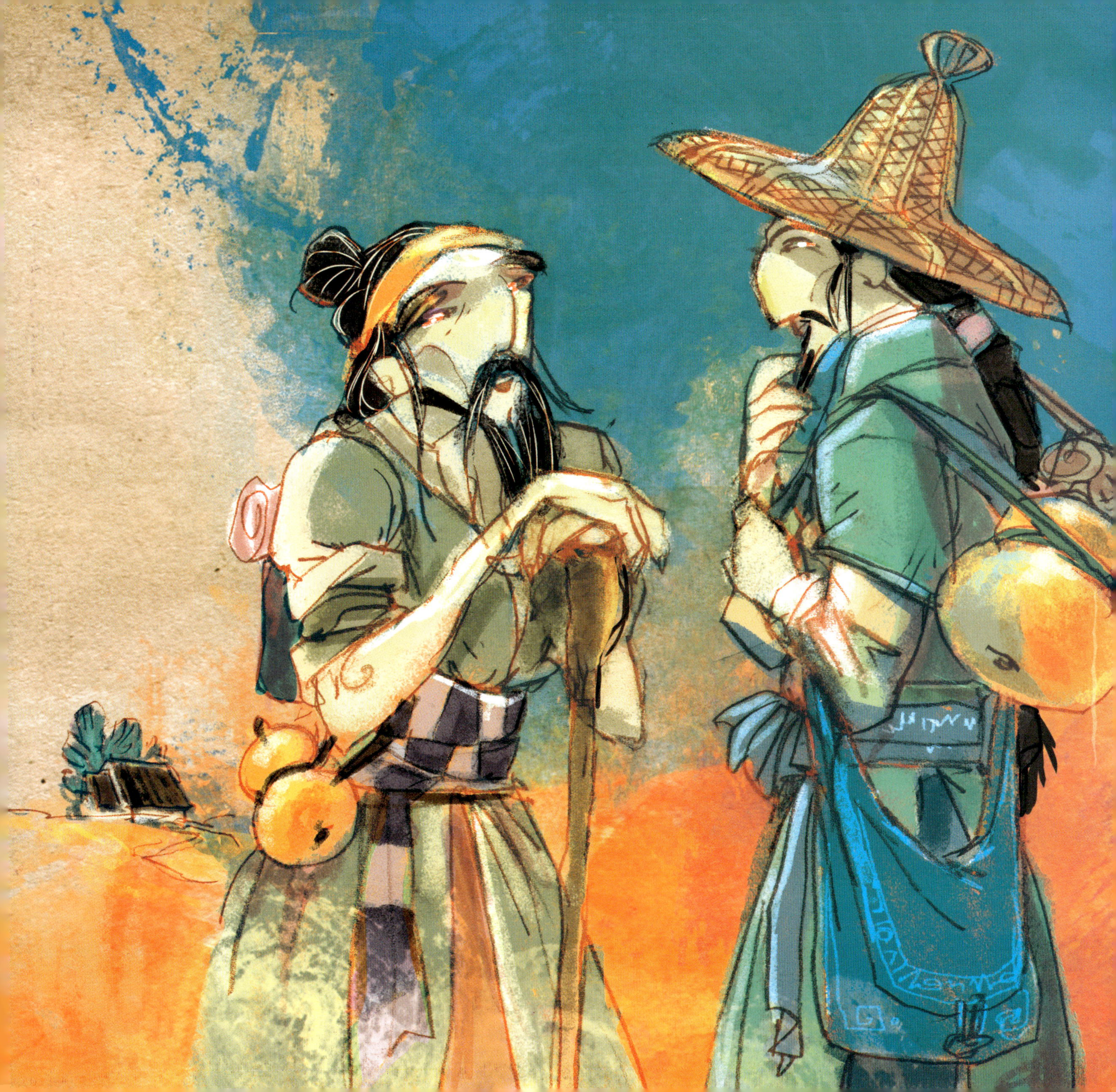

Depois do almoço, seguiram viagem até chegarem à margem de um grande rio. Huang deveria embarcar com as mercadorias em um junco que esperava no cais, para um longo percurso rio abaixo, a próxima etapa da viagem. O desconhecido embarcou com ele. Pouco depois, armou-se uma tempestade violentíssima. Os ventos muito fortes e as nuvens escuras eram de assustar, acompanhados por relâmpagos e trovões. As águas do rio se levantaram em ondas enormes que se quebravam sobre a embarcação, partiram um mastro, encharcaram as velas de fibra e sacudiam o casco do junco de um lado para outro. Foi uma tormenta tão violenta, que a embarcação acabou não resistindo e virou.

No meio da chuva, das ondas e dos rodamoinhos, muitos passageiros se afogaram. Huang também não teria resistido se o desconhecido não o tivesse ajudado, nadando junto a ele, segurando-o para que não afundasse e, finalmente, carregando-o nos ombros até a margem. Quando as águas e os ventos serenaram e o sol voltou a brilhar, o rapaz olhou em volta e percebeu que outro junco estava ali perto, recolhendo os sobreviventes. Atendendo ao chamado de seus tripulantes, subiu a bordo. Mas não sabia se festejava por ter sobrevivido ou chorava por ter perdido todas as suas mercadorias e estar reduzido à miséria, sabendo que tinha contas a pagar e uma família em casa, dependendo dele.

Enquanto contemplava as águas tranquilas, percebeu que o desconhecido também estava no mesmo junco e acabara de mergulhar no rio. Logo depois, vinha à tona carregando uma grande arca de madeira – parte da bagagem de Huang. Jogou-a para dentro do junco e mergulhou de novo. Em seguida, voltou com outro baú. E depois, com outra caixa. Assim, uma por uma, foi recuperando todas as mercadorias do rapaz.

Assombrado, Huang mal conseguiu dizer:

– Não sei como lhe agradecer.

– Estou apenas pagando o que lhe devia – disse o outro. – Agora posso ir embora.

– Não, não vá! – pediu Huang antes que o desconhecido se afastasse. – Fique comigo. Podemos continuar juntos a viagem.

– Já que você está pedindo, eu fico. E ajudo você a conferir se ainda falta alguma coisa.

Contaram e recontaram as mercadorias.

– Ainda falta alguma coisa? – perguntou o gênio.

– Só um alfinete de ouro, grandão – respondeu Huang. – Mas não faz mal, é apenas um objeto. É incrível como o senhor conseguiu recuperar tudo.

O sujeito mergulhou de novo e, num piscar de olhos, voltou segurando o alfinete numa das mãos.

– Aqui está. Não quero que você tenha prejuízo algum.

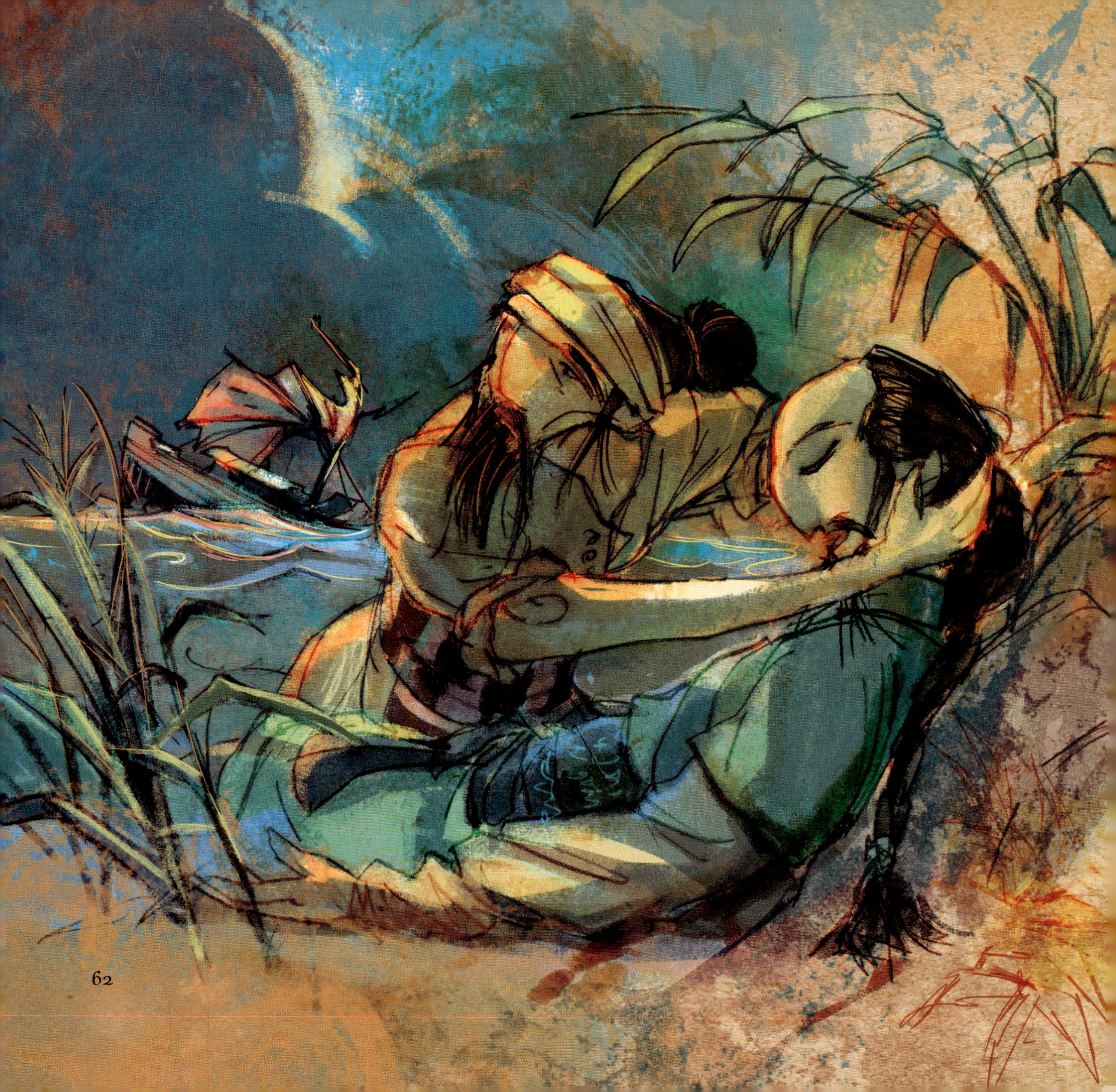

Huang não sabia como poderia um dia agradecer. Só conseguiu dizer:

— Se o senhor não tiver para onde ir, pode vir comigo para casa e ficar morando lá comigo.

O homem aceitou. Foram juntos e, durante doze meses, ficou vivendo lá, junto com Huang, a mãe viúva e as seis crianças. Sempre silencioso, caladão, sem comer nada nem atrapalhar ninguém.

Quando estava completando um ano de seu encontro, Huang quis festejar a data, recordando o favor que devia ao estranho. Lembrou-se de que o magrelo só comia uma vez por ano e mandou preparar um banquete. O sujeito devorou tudo em pouco tempo, como fizera na outra ocasião.

Acabando, mais uma vez se curvou diante de Huang num gesto de agradecimento. Depois, num tom afetuoso, falou:

— Nunca conheci ninguém como você, sempre pensando nos outros e disposto a fazer o bem. Por isso, agora que chegou a hora de eu partir, quero lhe dar um presente.

— Partir?! Por quê? Alguma contrariedade? – estranhou o rapaz.

— Não. Nunca me senti tão bem em companhia de alguém. Mas chegou minha hora. Sou o Gênio do Trovão e tinha sido condenado a vagar pelo mundo durante certo tempo, só podendo comer uma vez por ano e, mesmo assim, apenas o que me dessem nesse dia. Agora acabei de cumprir meu castigo. Estou livre e posso ir embora.

Huang ficou sem graça, só de imaginar que tinha trazido um ser tão importante e poderoso para sua casa tão modesta. Começou a pedir desculpas.

– Perdão, eu não podia imaginar... Tudo aqui é tão simples para alguém como o senhor. Ainda mais agora, com essa seca em toda a região, prejudicando as colheitas. Não temos nada de especial a lhe oferecer. Se eu soubesse...

– Nada de desculpas – interrompeu o gênio. – O que importa é que você me hospedou e cuidou de mim com carinho, da mesma forma como cuida dessa senhora e dessas crianças. Você é um bom rapaz. Agora vou lhe dar um presente. Escolha o que quiser, desde que seja uma coisa agradável, que possa lhe dar prazer.

Huang nem conseguia pensar em nada. Mas lembrou o tempo em que não tinha tantas responsabilidades e gostava muito de, ao final de uma tarde de estudos, fechar o livro, deitar à beira do rio e ficar olhando o céu, seguindo as nuvens que passavam, levadas pela brisa suave. Então pediu:

– Eu queria dar um passeio entre as nuvens.

O Gênio do Trovão deu uma risada. Ainda estava rindo quando Huang percebeu que estava recostado numa nuvem leve e suave, deslizando pelo infinito do céu noturno.

No início, o rapaz teve um pouco de medo. Mas logo se distraiu com o brilho dos milhares de estrelas, ou milhões, umas bem perto, outras distantes, faiscando como pedras preciosas. Dava vontade de tocá-las. Esticou o braço e esbarrou numa bem pequenina, que deslizou por dentro da manga de seu casaco, fazendo um pouco de cócegas.

Mas antes que pensasse em tirá-la de lá, viu que um clarão se aproximava. Era o carro do Sol e da Chuva que vinha chegando, todo dourado, puxado por dois magníficos dragões de ouro, cujas escamas metálicas faiscavam quando eles corcoveavam em seu galope. Seus movimentos criavam uma música belíssima, como gongos e címbalos percutindo, sinos tocando, metais tinindo em estranha melodia. No alto do carro, as cortinas de uma liteira deixaram entrever uma dama de incrível beleza, recostada ao lado de uma tina dourada, cheia de água.

Seguindo o carro, uma multidão caminhava por entre as nuvens. À frente do cortejo, vinha o Gênio do Trovão, que chamou Huang:

– Venha cá. A Fada da Chuva soube do bem que você me fez e quer conhecê-lo.

Tomou Huang pela mão e o levou até o carro, onde o apresentou à dama. Sorrindo para ele, ela disse:

– Ando muito aborrecida com os homens e por isso decidi não deixar nem uma gota de chuva cair na terra durante algum tempo. Em toda parte, mesmo na sua aldeia. Mas soube que você é um homem bom, desprendido, generoso, que só faz o bem. Então pode usar esse jarro um pouco e ajudar os outros.

E apontou com a cabeça para umas vasilhas de cobre penduradas em volta do carro. Huang não sabia o que dizer nem o que fazer com aquilo e olhou para o Gênio do Trovão com ar curioso.

O homem não respondeu diretamente, mas fez um gesto que afastou as nuvens um pouco. Huang pôde ver sua aldeia lá embaixo, cercada por campos secos e terras queimadas pela estiagem. Então, percebeu o que deveria fazer: pegou o jarro, encheu-o na tina dourada e lentamente foi deixando que a água caísse pelo rasgão entre as nuvens, chovendo sobre os campos em torno a sua aldeia.

A Fada da Chuva sorriu e aprovou com a cabeça. Huang repetiu o gesto várias vezes, fazendo chover bastante, até que o Gênio do Trovão disse:

– Basta. Agora temos de ir e também está na hora de você voltar à Terra. Atrás do carro está amarrada uma corda. Deslize por ela.

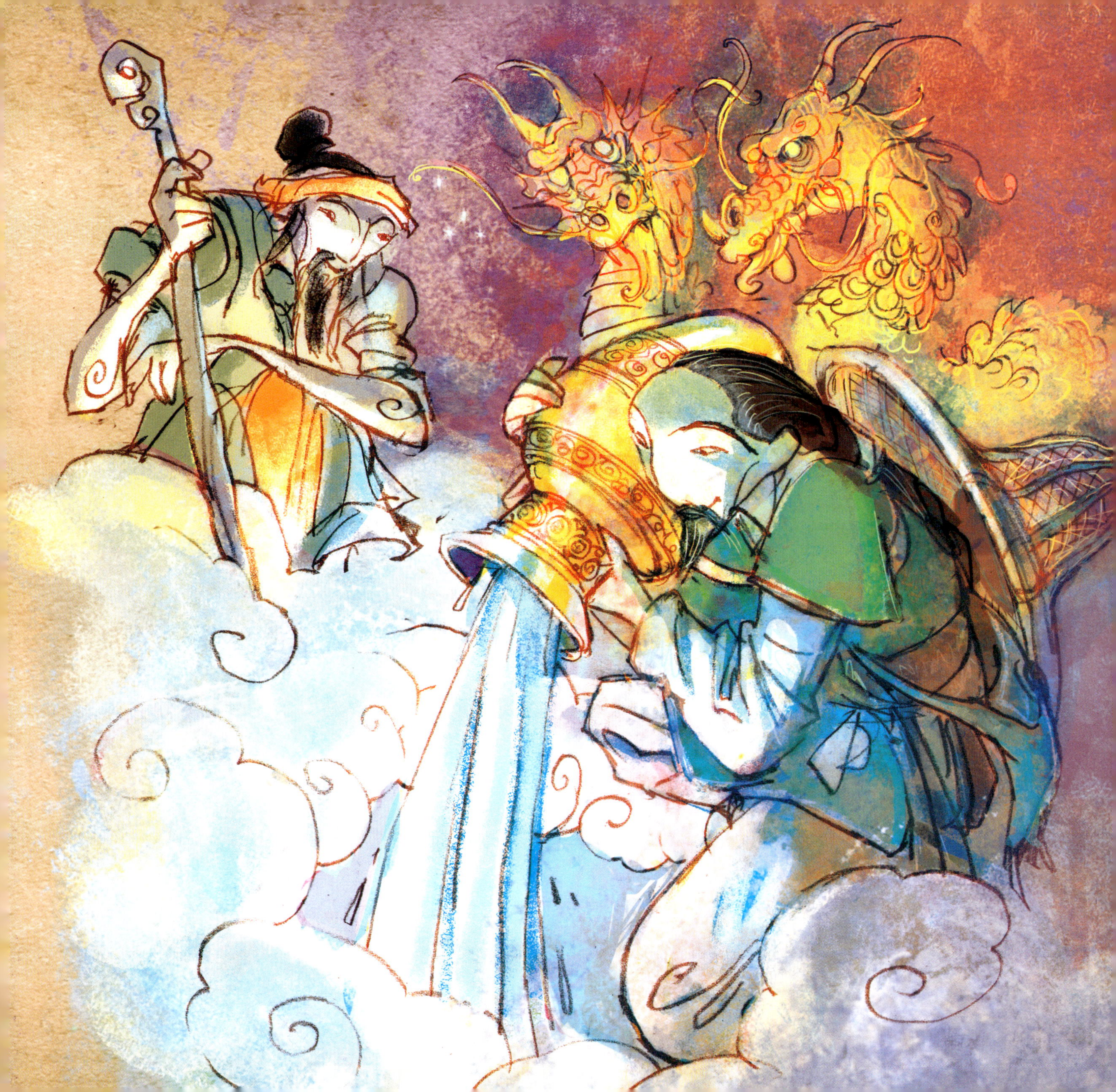

Huang fez o que o gênio mandou. Bem que ficou com medo, quando percebeu que ia ter de escorregar daquela altura toda. Mas não tinha outro jeito. Agarrou a corda com as duas mãos e foi descendo por ela, escorregando aos pouquinhos.

Quando chegou lá embaixo, estava na rua principal da sua aldeia. E chegava em meio a uma grande festa. As pessoas riam, cantavam, dançavam, se abraçavam e comemoravam:

– Viva a chuva! Oba! As colheitas estão salvas!

Huang ficou contente e festejou também. É claro que ninguém desconfiava que deviam aquela chuva a ele, que também não disse nada. Mas estava muito feliz. E cansado. Daí a pouco foi para casa.

Quando foi mudar a roupa para dormir, uma pedrinha em forma de estrela escorregou da manga de seu casaco. Lembrou-se da estrelinha que lhe tinha feito cócegas, lá no início de seu passeio nas nuvens. Apanhou-a no chão e a colocou em cima da mesa. Agora estava apagada. Era só uma pedrinha sem brilho. Ele também estava apagando, de tanto sono. Deitou-se e adormeceu.

De madrugada, acordou com um imenso clarão que iluminava a casa toda. Vinha da pedrinha em cima da mesa. Huang se levantou e a acariciou. Ao fazer isso, teve uma surpresa: a estrela foi crescendo, perdendo o brilho e se transformando numa moça linda que, sorrindo, lhe disse:

– Meu nome é Chuvisco. Sou um presente que o Gênio do Trovão lhe mandou, para ser sua esposa. Se o senhor quiser, é claro.

Huang quis. Estava mesmo se sentindo sozinho e desejando uma companheira. Chuvisco parecia perfeita.

E assim se casaram, para uma longa vida de felicidade em que chuviscos e brilhos se alternaram, e os dois ajudaram a criar a família da viúva, ao lado da filharada que foram tendo. Gente boa e simples, sempre disposta a ajudar os outros. Como Huang.

# Quem é Ana Maria Machado

Ana Maria Machado sempre gostou de histórias – para ouvir, ler ou escrever. Mas, quando criança, queria ser mesmo era professora. E foi. Não só professora como pintora, jornalista, livreira. Sua grande memória e fascinante imaginação a fizeram escritora. E que escritora! Ana Maria é autora de mais de cem livros, sendo altamente reconhecida e premiada, tanto por sua literatura infantojuvenil como pelo que escreve para adultos. É traduzida em 19 países. Em 1993, ela se tornou *hors-concours* dos prêmios da Fundação Nacional do Livro Infantil e Juvenil. Em 2001, recebeu o maior prêmio literário nacional, o Machado de Assis. Um ano antes, ganhara o Prêmio Hans Christian Andersen, considerado o Nobel da literatura infantil mundial. Em 2003, Ana Maria entrou para a Academia Brasileira de Letras.

## Quem é Laurent Cardon

Sou francês, radicado em São Paulo desde 1995. Ilustrei inúmeros livros e fui premiado pela Fundação Nacional de Literatura Infantil e Juvenil (FNLIJ) pelas obras *Alecrim*, de Rosa Amanda Strausz, e *Procura-se lobo*, de Ana Maria Machado. *Um nó na cabeça*, também de Rosa Amanda Strausz, ganhou o Prêmio Brasília de Literatura 2012, na categoria Literatura Infantil e Juvenil (2º lugar).

Publiquei cinco livros de imagem: *Aranha por um fio*; *Calma, camaleão!*; *Flop, a história de um peixinho japonês na China*; *Sapo a passo*; *Vai e vem*.

Estudei animação em Paris e trabalhei na China, Coreia, Espanha e, como diretor de arte em estúdio de animação, no Vietnã. Em São Paulo, mantenho meu estúdio de grafismo e animação: <www.citronvache.com.br>.

Impresso no Parque Gráfico da Editora FTD
Avenida Antonio Bardella, 300
Fone: (0-XX-11) 3545-8600 e Fax: (0-XX-11) 2412-5375
07220-020 GUARULHOS (SP)

São Paulo - 2023